BEI GRIN MACHT SICH IHR WISSEN BEZAHLT

- Wir veröffentlichen Ihre Hausarbeit, Bachelor- und Masterarbeit

- Ihr eigenes eBook und Buch - weltweit in allen wichtigen Shops

- Verdienen Sie an jedem Verkauf

Jetzt bei www.GRIN.com hochladen und kostenlos publizieren

Jüdische Kontingentflüchtlinge in Deutschland ab 1990. "Privilegierte Einwanderer" aus der Sowjetunion

Naemi Fast

Bibliografische Information der Deutschen Nationalbibliothek:

Die Deutsche Nationalbibliothek verzeichnet diese Publikation in der
Deutschen Nationalbibliografie; detaillierte bibliografische Daten sind
im Internet über http://dnb.d-nb.de abrufbar.

ISBN: 9783346332592
Dieses Buch ist auch als E-Book erhältlich.

Druck und Bindung: Books on Demand GmbH, Norderstedt Germany
Gedruckt auf säurefreiem Papier aus verantwortungsvollen Quellen

Das vorliegende Werk wurde sorgfältig erarbeitet. Dennoch
übernehmen Autoren und Verlag für die Richtigkeit von Angaben,
Hinweisen, Links und Ratschlägen sowie eventuelle Druckfehler keine
Haftung.

Das Buch bei GRIN: https://www.grin.com/document/980024

Seminararbeit

Titel:	„Privilegierte Einwanderer" aus der Sowjetunion. Jüdische Kontingentflüchtlinge in Deutschland ab 1990
Vorgelegt von:	Naemi Fast
Studiengang:	Soziale Arbeit Integrationsmanagement
Modul:	M21: Sozialpolitik
Semester:	5. Fachsemester
Datum:	24. November 2020

Anzahl an Wörtern: 3371

Inhaltsverzeichnis

Einleitung

„Deutschland ist kein Einwanderungsland. Es sind daher alle humanitär vertretbaren Maßnahmen zu ergreifen, um den Zuzug von Ausländern zu unterbinden." (Koalitionsvereinbarung 1982, S.6).

Ungeachtet dieses Vorsatzes der Regierungsparteien CDU/CSU und FDP mit dem neuen Bundeskanzler Helmut Kohl an der Spitze verringerte sich der Ausländeranteil in der BRD seitdem nicht, sondern stieg ab 1990 sogar sprunghaft an. Heute hat ein Viertel der Bevölkerung Deutschlands einen Migrationshintergrund (Statistisches Bundesamt 2020), wobei nur diejenigen mitzählen, die entweder selbst oder deren Eltern eingewandert sind, während aber vielfach auch Nachkommen dritter und vierter Generation noch als Nicht-Deutsche wahrgenommen werden.

Einen recht hohen Migrantenanteil stellen die russlanddeutschen Aussiedler, die nach der Öffnung des Ostblocks 1988 in großer Zahl eintrafen. Gleichzeitig mit ihnen kam ab 1990 eine weitere Migrantengruppe aus der Ex-Sowjetunion, die von der Bundesregierung explizit eingeladen wurde: Juden, welche die überalterten jüdischen Gemeinden füllten und damit das Judentum in Deutschland wieder zum Aufleben brachten.

In der deutschen Gesellschaft wurden die sowjetischen Juden zunächst vor allem als Russen wahrgenommen. Viele von ihnen hatten kaum Bezug zur jüdischen Kultur und Religion, was sich bei einem Teil aber in Deutschland änderte.

Wie es zu ihrer Einwanderung gekommen ist, wie diese verlaufen ist und die Situation der jüdischen Migranten in der deutschen Gesellschaft heute wird in dieser Arbeit behandelt. Neben einschlägiger Sekundärliteratur wurden auch Beiträge in sozialen Medien, öffentlichen Medien und persönlichen Befragungen benutzt. Letztere sind im Anhang aufgeführt.

1. Juden im Zarenreich und in der Sowjetunion

Um sich mit der Einwanderung der Juden und ihrer Stellung in der deutschen Gesellschaft befassen zu können, muss zuerst ein Blick in die jüdische Geschichte auf russischem Boden geworfen werden.

1.1 Juden im Zarenreich

Während es im Mittelalter keine nennenswerten jüdischen Siedlungen auf damaligem russischem Gebiet gab, kamen durch die Teilungen Polens 1772-1795 und den Anschluss der Krim 1783 Gebiete mit hohem jüdischen Bevölkerungsanteil zum Zarenreich hinzu. Katharina II. wies ihnen einen „Ansiedlungsrayon" zu, in dem sie unter zahlreichen Einschränkungen leben durften: 15 Gouvernements, die heutigen West-Ukraine, Weißrussland, Ost-Polen und Baltikum. (Siehe Kleinmann 2010). Mit der Eingliederung der asiatischen Gebiete ins russische Reiche kamen weitere jüdische Bevölkerungsgruppen dazu, z.B. die Bucharischen Juden

1880 lebten in Russland 70% der Juden weltweit. Bei der Volkszählung 1897 zählten sie über fünf Millionen (davon 3,6 im „Ansiedlungsrayon" und 1,3 im Königreich Polen).[1] Sie konzentrierten sich in Städten, da ihnen die Ansiedlung in ländlichen Gebieten untersagt war.[2] Größtenteils waren sie nicht assimiliert: 1,4% der Personen jüdischen Glaubens gaben Russisch als Muttersprache an, 97,9% Jiddisch. Nur 24,6% konnten sich auf Russisch verständigen. (Troinicki et al, 1905.)

Infolge der judenfeindlichen Politik und der zahlreichen Pogrome 1881-1906 wanderten um die Jahrhundertwende über zwei Millionen Juden aus, hauptsächlich in die USA, teilweise nach Palästina oder Argentinien. Ein Großteil der verbleibenden Juden zeigte sich offen für die revolutionären Bestrebungen im Land, so dass sich 1905-1917 viele den revolutionären Parteien (SR und RSDRP) anschlossen.

Während des 1. Weltkriegs wurden 250-350 Tausend Juden aus dem Ansiedlungsrayon in die inneren Gouvernements des Zarenreiches deportiert und damit auch die nachfolgenden Pogrome über die Grenzen des Ansiedlungsrayons hinaus bis nach Sibirien getragen (Polân, 2001).

1.2 Juden in der Sowjetunion

Bei der Revolution 1917 wurden formal alle Einschränkungen nach Klasse, Nationalität und Religion aufgehoben, Juden konnten zum ersten Mal ihren Ansiedlungsort frei wählen und Posten in Verwaltung und Regierung einnehmen. Viele von ihnen waren intellektuell und gebildet und strebten nach höherem Einfluss. Bald stellten sie einen hohen Anteil der kommunistischen Organisationen und waren aktiv im Kampf gegen alles Religiöse im Land – einschließlich des Judentums. 1918 begann die Anti-Judaismus-Kampagne des Jüdischen Kommissariats. Hebräische Sprache und religiöse Bezüge wurden aus den Jüdischen Schulen verbannt, nur noch Jiddisch durfte unterrichtet werden. Ab 1920 wurden die jüdischen Schulen endgültig liquidiert und Schauprozesse gegen Judaismus und religiöse Kindererziehung organisiert.

Der hohe Anteil von Juden in der neuen Sowjetregierung bestärkte ihre Gegner in der Theorie vom „Jüdischen Bolschewismus" und einer jüdischen Weltverschwörung. Gleichzeitig litten die jüdischen Ansiedlungsgebiete stark unter dem Bürgerkrieg und den Überfällen der verschiedenen Armeen und unabhängigen Banden. Die Zahl der Getöteten bei den Judenpogromen wird laut Budnickij (2005) auf etwa 150.000 geschätzt.

---

[1] 4,03% der Gesamtbevölkerung des europäischen Russlands, 10,8% der Bevölkerung im Ansiedlungsrayon und 14,01% der Bevölkerung des Königreiches Polen. (Fishberg 1911).
[2] So waren 50% der Stadtbewohner Litauens und Weißrusslands und 30% der Stadtbewohner in der Ukraine Juden.

Zu den 1,5 Millionen Juden, die bis 1939 in der Sowjetunion lebten, kamen eine weitere halbe Million in den 1939-40 an die Sowjetunion angeschlossenen Gebieten dazu. (Gitelman 1993, S.3)

Beim Einmarsch der Wehrmacht in die Sowjetunion im Sommer 1941 gerieten die Gebiete des früheren „Ansiedlungsrayons" unter deutsche Besatzung. Einem kleinen Teil der dort lebenden Juden gelang die Flucht in den Osten, während der überwiegende Teil (1,5-2 Millionen) dem Holocaust zum Opfer fiel. Gleichzeitig kämpften eine halbe Million Juden in der Roten Armee, rund 200.000 fielen. Auf diese Weise wurde durch den Krieg fast die Hälfte der Sowjetjuden im ehemaligen „Ansiedlungsrayon" vernichtet. Die überlebenden strömten in die Großstädte und taten alles dazu, sich in der russischen Bevölkerung zu assimilieren. Nur ein geringer Anteil sprach weiterhin Jiddisch oder besuchte die Synagogen.

Während es zwar in der Sowjetunion immer Juden in Regierungspositionen und als führende Köpfe in Wirtschaft und Wissenschaft gab, blieb der unterschwellige und zeitweise offen ausgelebte Antisemitismus bestehen. Man konnte seine jüdische Identität nicht verheimlichen. Der sogenannte „Fünfte Punkt" des Personalausweises lautete „Nationalität", und wer jüdische Eltern hatte, hatte hier ebenfalls „Jude" eingetragen.

So waren die Opfer der Anti-Kosmopoliten-Kampagne 1948-1953 größtenteils Juden. Im ganzen Land wurden jüdische Organisationen bekämpft und Kultureinrichtungen geschlossen.

Die Staatsgründung Israels 1948 und der Sechstagekrieg 1967 riefen bei den Sowjetjuden ein neues Nationalbewusstsein hervor. Zwischen 1969 und 1975 wanderten rund 100.000 nach Israel aus. Diese Rückkehrwelle in das Land der Vorfahren ebbte in den 1980er Jahren ab, weil sich die Auswanderungspolitik wieder verschärfte und gleichzeitig die USA als Einwanderungsland für Juden attraktiver wurde. (Siehe Êttinger sowie Êngel.)

Während der Perestrojka wuchs das Nationalbewusstsein aller nationalen Minderheiten der Sowjetunion. Vermehrte Gerüchte über antijüdische Pogrome führten zu einem erhöhten Interesse an dem Repatriierungsprogramm Israels, an dem 1989-2004 über eine Million Juden mit ihren Angehörigen teilnahmen. Nach dem Wegfall der Ausreiseeinschränkungen durch den Zusammenbruch der Sowjetunion wählten Auswanderungswillige auch andere Zielländer wie die USA oder Deutschland. Allein im Jahr 1989 reisten mindestens 50.000 Juden aus der Sowjetunion aus. (Belkin, o.J.) Auch in den folgenden Jahren blieb der Anteil der jüdischstämmigen Auswanderer hoch. Bei der Volkszählung 2010 stellten die Juden nur 0,11% der Gesamtbevölkerung Russlands dar.

2. Die Einwanderung nach Deutschland

2.1 Das deutsche Judentum um 1990

Die jüdischen Gemeinden in Deutschland zählten Ende der 1980er knapp 30.000 Mitglieder (Körber 2016). Für Holocaust-Überlebenden und aus den Ostgebieten geflüchtete Juden war Deutschland größtenteils nur Zwischenstation für eine weitere Auswanderung gewesen. Nach der Staatsgründung Israels hatten die meisten Deutschland verlassen, lediglich 10.000-15.000 waren geblieben. (Brenner 1999, S. 35).

Der israelische Konsul Yachil ging davon aus, dass sich die jüdischen Gemeinden und Organisationen innerhalb der folgenden Jahre selbst auflösen würden und schloss 1953 das Konsulat in München. Damals entstand der Ausdruck, die Juden in Deutschland würden „auf gepackten Koffern sitzen". (Knobloch 2000)

Im Grundgesetz der BRD war 1949 die gesetzliche Grundlage dafür geschaffen, dass frühere deutsche Staatsangehörige, „denen zwischen dem 30. Januar 1933 und dem 8. Mai 1945 die

Staatsangehörigkeit aus politischen, rassischen oder religiösen Gründen entzogen worden ist, und ihre Abkömmlinge" auf Antrag wieder einzubürgern waren." (GG §116) Während die Holocaust-Überlebenden selbst kaum Gebrauch davon machten, nutzten ihre Kinder und Enkel aus Israel dies um 2000 wieder verstärkt. (Aderet, 2007). Doch das Wiederaufleben des Judentums in Deutschland ist hauptsächlich der Einwanderung von Juden aus den ehemaligen Sowjetstaaten zu verdanken, von denen ab 1990 über 200.000 in die Bundesrepublik einreisten.

2.2 Jüdische Kontingentflüchtlinge

Die erste Einladung an Juden aus der Sowjetunion erfolgte aus der noch existierenden DDR, die sich bislang nicht als Nachfolgestaat des Nazireiches gesehen und deshalb nicht an Wiedergutmachungsleistungen teilgenommen hatte. Die Regierung Modrow / de Maiziere sprach sich am 11. Juli 1990 dafür aus, Mitverantwortung für den Holocaust zu übernehmen und als Wiedergutmachung „jüdischen Bürgern, denen Verfolgung oder Diskriminierung droht", im Sinne des „Asyls für Ausländer" aus „humanitären Gründen" zu gewähren. (Berger 2010, S. 57).

Diese Einladung war eine Antwort auf die Forderung des Jüdischen Kulturvereins Berlin vom 9. Februar 1990 am Zentralen Runden Tisch der DDR, „angesichts der krisenhaften, von antisemitischen Ausfällen begleiteten Situation in der UdSSR von der amtierenden Regierung, jenen sowjetischen Juden, die es wünschten, den Daueraufenthalt in der DDR zu ermöglichen " (Runge 1995, S. 77) Unmittelbar kamen die ersten jüdischen Ankömmlinge aus der Sowjetunion nach Ost-Berlin, darunter beispielsweise der heute bekannte deutsche Schriftsteller Wladimir Kaminer, der seine Einwanderung nach Deutschland in dem autobiographischen Erzählband „Russendisko" beschreibt.

Am 9. Januar 1991 beschloss die Ministerpräsidentenkonferenz des wiedervereinigten Deutschlands die Zuwanderung sowjetischer Juden zu erlauben. Aus Mangel an einer eindeutigen gesetzlichen Grundlage wurde das Kontingentflüchtlingsgesetz auf diese Einwanderung angewandt. Die Juden aus der Sowjetunion waren im Gegensatz zu anderen Kontingentflüchtlingen nicht zum Nachweis der Verfolgung verpflichtet, bekamen sofort den Stempel „unbefristet" und durften arbeiten.

Bei der Entscheidung, wer bei der Einwanderungserlaubnis als Jude zu gelten habe, wich die Definition der Bundesbehörde vom jüdischen Religionsgesetz (Halacha) ab, das die Zugehörigkeit zum Judentum matrilinear definiert. Für eine Aufenthaltsgenehmigung in Deutschland durfte jedes Kind oder Enkelkind eines jüdischen Eltern- oder Großelternteils seine Zugehörigkeit zum jüdischen Volk geltend machen. Als Begründung führte Bundeskanzler Kohl an, die Nationalsozialisten hätten bei ihrer Verfolgung auch nicht nach mütterlicherseits oder väterlicherseits abstammenden Juden unterschieden. (Belkin 2017, S. 17).

Seit dem neuen Zuwanderungsgesetz 2005 können Juden nicht mehr als „Kontingentflüchtlinge" nach Deutschland einreisen, sondern nach einem Punktesystem, bei dem es um Deutschkenntnisse, Integrationsprognose und Mitgliedschaft in einer jüdischen Gemeinde geht. (Belkin, o.J.)

2.3 Warum Deutschland? – Gründe für die Umsiedlung

Als „Paradox" bewertet der Historiker und Publizist Dmitrij Belkin, der 1993 als jüdischer Kontingentflüchtling aus der Ukraine kam, dass die sowjetischen Juden ausgerechnet nach Deutschland kamen, indem sie „gewissermaßen vor dem 20. Jahrhundert geflohen waren. In ein Land, das fast bis zur Mitte des 20. Jahrhunderts die Auslöschung der Juden besiegen wollte." (2017, S. 35) Er führt allerdings aus, dass viele Juden hier vor allem die Chance auf ein wirtschaftlich, kulturell und bildungsmäßig besseres Leben sahen:

> „Ich wollte frei sein, [...] in Europa Geisteswissenschaften studieren, [...] die Welt kennenlernen, die jenseits des [...] eisernen Vorhangs lockte. [...] Es gab da diesen vielversprechenden Wind der Veränderung, der in den Neunzigerjahren einen unheimlichen

Sog entwickelte, dem auch ich mich nicht entziehen konnte: Es zog förmlich nach Europa, das sich bald vom Atlantik bis zum Ural erstrecken sollte, die Türen schlugen auf und zu. Man witterte eine Chance, ohne diese rational definieren zu können – oder an die Folgen dieser Chance zu denken." (S. 13-14)

Die NS-Vergangenheit Deutschlands spielte für Belkin keine bedeutende Rolle, wie er weiterhin direkt sagt, was allerdings nicht allen seinen Altersgenossen so ging, wie der Bericht einer jungen Frau zeigt, die Deutschland nicht als ihre Heimat akzeptieren konnte, weil sie „seit langem das Heilige Land vergöttert und seine Bewohner bewundert und beneidet" hatte. Sie bewertet die Entscheidung ihrer Eltern für Deutschland als großen Fehler und erlebt das Gefühl, eine Außenseiterin zu sein, als tödlich. (Blank 2001, S.108-109).

Die Sicherstellung der materiellen Lage überwog aber offensichtlich die ideologischen Überlegungen, wie beispielsweise auch Person 2 im Interview berichtet:

„Ich hatte vorher noch nie von diesem Land gehört, kannte aus dem Fernsehen nur USA und Frankreich. Daher träumte ich von einem dieser Länder, wobei ich immer in die USA wollte. Und dann waren wir in einem Land namens ‚Deutschland' gelandet. Keiner von uns wollte im Grunde hierhin. Meine Eltern sahen zur damaligen Zeit aber keinen anderen Ausweg im Hinblick auf die, nach dem Zusammenbruch der Sowjetunion, in der Ukraine fatale wirtschaftliche Lage." (Siehe Anhang).

Die ältere Generation siedelte eher ihren Nachkommen zuliebe um:

„Mit Antisemitismus zu leben das waren wir schon gewohnt. [...] Dann haben wir von einer Bekannten erfahren, dass Deutschland Juden aufnimmt. Da hat meine Tochter gesagt: '[...] Wir werden zusammen versuchen, nach Deutschland zu fahren. Und dann werden wir sehen, wie es sein wird.' Für uns Ältere, die wir den Krieg noch erlebt haben, war eine Auswanderung nach Deutschland problematisch und mit Angst behaftet, aber für die jüngere Generation, die unsere Erinnerungen nur bedingt teilen kann, sind [...] im Grunde alle Nationen gleich. Und deshalb hatte meine Tochter auch keine solchen Ängste." (Blank 2001, S.33)

2.4 Neue Identitätsfindung in Deutschland

Die eingewanderten Juden entsprachen weitgehend nicht dem Stereotyp, das „aus Mangel an sinnlicher Erfahrung gemeinhin für ‚jüdisch' steht." Die meisten sprachen weder Jiddisch noch Hebräisch, sondern Russisch und „kleideten und verhielten sich, wie man es von sowjetischen Intellektuellen und Touristen erwartete." (Runge 1995, S. 78-79) Als „Missverständnis der Einladung von deutscher Seite" stellt es auch Belkin dar: man erwartete Juden, bekam aber Sowjetmenschen: „häufig atheistisch, arm, belesen und müde". Die Erziehung zum „Homo Sovieticus" hatte gefruchtet: „Wir hatten uns russifiziert: Viele Juden waren die größten Liebhaber der russischen Kultur. Sowjetisiert: Hunderttausende haben sich mit dem System identifiziert, ja dieses bewusst mitaufgebaut. Auch christianisiert: buchstäblich und in jedem Fall intellektuell." (2017, S. 12-13)

Und dennoch war irgendwo ein gewisses jüdisches Selbstverständnis übriggeblieben und durch die Fremdzuschreibungen im Herkunftsland genährt worden: „Der staatliche und vor allem der Alltagsantisemitismus hielten uns zusammen und verbaten uns, unser tatsächliches oder imaginiertes jüdisches Naturell zu vergessen." (Belkin 2017, S. 12-13)

Immer wieder beschreiben sie – vor allem die jüngere Generation – den Konflikt zwischen dem jüdischen Erbe, das in der Familie vorhanden ist, und dem Mangel an eigenem Zugang dazu, wie z.B. Person 2 im Interview (siehe Anhang) sagt, dass weder Glaube noch Traditionen in ihrer Familie eine

Rolle gespielt haben und auch die Familiengeschichte totgeschwiegen wurde. Und dennoch gab es ein jüdisches Selbstverständnis, aus dem heraus ihrer Eltern „meinen Bruder und mich in jüdische Schulen geschickt haben, weil sie meinten, sie müssten es so tun."

Anders war es bei den sephardischen Juden aus den asiatischen Teilen der Sowjetunion, die ihre religiösen Traditionen bewahrt hatten, u a. weil sie im Gegensatz zu ihren aschkenaischen Volks- und Glaubensgenossen aus dem europäischen Teil Russlands weniger unter Verfolgung und Vernichtung zu leiden hatten. (Siehe Interview Person 1, außerdem persönliche Kommunikation am 25.11.2020.)

Für einen nicht geringen Teil der eingewanderten Juden war der Umzug nach Deutschland der Beginn einer neuen Auseinandersetzung mit ihrer jüdischen Identität. Für viele waren die jüdischen Gemeinden die ersten Institutionen, in denen sie Hilfe erfuhren und Zugehörigkeit fanden, und wo sie anfingen, diese Zugehörigkeit in der Religionsausübung zu suchen. In „Germanija. Wie ich in Deutschland jüdisch und erwachsen wurde" beschreibt Belkin diesen Prozess, wie er bei ihm – und nach ähnlichem Muster auch bei vielen verlief.

Die Anzahl der Mitglieder der jüdischen Gemeinden verdoppelte sich in den Jahren 2002 bis 2005 auf 108.289 (Zentralrat & ZWST 2020), sodass die Palette ihrer Veranstaltungen sich um eine große Bandbreite an russischsprachigen Kultur- und Informationsveranstaltungen erweiterte.

3. Die Situation der Juden in Deutschland 2020

3.1 Wirtschaftliche Situation

Ein Großteil der eingewanderten Juden kam aus der gebildeten Mittelschicht, die in der Sowjetunion gut situiert war und für deren ältere Generation die Umsiedlung häufig einen sozialen Abstieg mit sich brachte. (Siehe z.B. Zingher 2019). Da es keine Sozialversicherungsabkommen mit den Nachfolgestaaten der Sowjetunion gibt und das Fremdrentengesetz für die Juden (im Gegensatz zu den Spätaussiedlern) nicht greift, ist die ältere Generation der jüdischen Einwanderer von Altersarmut bedroht. Im April 2018 erfolgte deshalb ein Aufruf von Beck, Brumlik und Lagodinsky: „Gerechtigkeit für jüdische Zuwanderer im Rentenrecht". Im Februar 2019 stellten FDP, Linke und Grüne einen Antrag auf Verbesserung der Alterssicherung jüdischer Kontingentflüchtlinge, der im Bundestag debattiert, aber abgelehnt wurde. (Bundestagsdebatte, 21.02.2019)

Die jüngere Generation dagegen hatte es weitgehend nicht schwer, sich sozial in der deutschen Gesellschaft zu integrieren. Dmitrij Belkin, der mit 22 nach Deutschland kam, ist z.B. wissenschaftlicher Mitarbeiter einiger Institute und Universitäten, Wladimir Kaminer als deutscher Schriftsteller bekannt und beliebt, Gabriel Goldberg Jugendreferent des Landesverbandes der Jüdischen Gemeinden von Nordrhein und freiberuflicher Journalist – die Liste könnte fortgesetzt werden.

3.2 Erlebter Antisemitismus

Laut einer Studie 2018/19 haben nur etwa 6% der Befragten „klassisch" antisemitische Einstellungen, während dem israelbezogenen Antisemitismus etwa 25% der Befragten zustimmten. (Zick, Küpper & Berghan 2019) Das deckt sich mit vielen Erfahrungsberichten von Juden in Deutschland, die antisemitisch beschimpft und häufig bezüglich der israelischen Politik angefeindet werden, darunter z.B. die jüdischen Jugendlichen, die Jan Tenhaven für den Dokumentarfilm „Hey, ich bin Jude" (ZDF 2020) befragte, oder die beiden russischsprachigen Rabbiner Surovtsev (Potsdam) und Jakubov (Berlin) im Interview für die Sendung „Strana i ljudi. Zhizn Jevrejev v Germanii" (Ost-West TV 2018).

Gabriel Goldberg berichtet von Diskriminierungen in seiner eigenen Schulzeit, von Kindern, die ihr Jüdischsein verheimlichen, Begrüßungen mit dem Hitlergruß und Sprüchen wie „Jude, Jude – feiges

Schwein, komm heraus und kämpf allein" oder „Stoppt den Judenterror" als Reaktion auf politische Operationen Israels wie „Protective Edge" 2014. (2015, S. 3-4).

Auslöser für verstärkte antisemitische Anfeindungen waren öffentliche Diskussionen wie die „Beschneidungsdebatte" 2012, die aber letztendlich zu einer gesetzlichen Regelung der Beschneidung von Jungen in den jüdischen Glaubensgemeinden führte (§1631d BGB).

Durch den Zuwachs an muslimischen Bewohnern im Zusammenhang mit der Flüchtlingswelle ab 2015 wurden die Ängste vor antisemitischen Anschlägen unter den Juden Deutschlands geschürt. Medienwirksam waren Vorfälle wie das antisemitische Mobbing eines Schülers der Friedenauer Gemeinschaftsschule in Berlin, was vielfach u.a. auf den hohen Anteil an Muslimen in der Schule zurückgeführt wurde. (Tagesspiegel Berlin 2017).

Eine Befragung unter jüdischen Bewohnern Deutschlands (Zick, Hövermann, Jensen & Bernstein 2017) ergab u.a., dass 76% Antisemitismus in Deutschland heute als Problem sehen (S. 11-12.) und 70% Bedenken haben, dass der Antisemitismus in Deutschland durch die Einwanderung antisemitisch eingestellter Flüchtlinge zunehmen wird. (S. 36)

3.3 Die junge Generation

Neben der Zunahme an Angst vor Antisemitismus lässt sich in den letzten Jahren eine wachsende Präsenz der jungen Generation von Juden in der Öffentlichkeit, in den Medien und in sozialen Netzwerken feststellen, die sich ausdrücklich zum Judentum bekennen und den Wunsch äußern, dies ausleben und als „normal" wahrgenommen zu werden.

Ein Beispiel dafür ist Jan Feldman, geboren 1989 in Taschkent, Usbekistan, aufgewachsen in Hannover. Als Künstler präsentiert er unter anderem jüdische Themen wie z.B. das Projekt „Jewersity" auf der Plattform „Instagram", bei dem unterschiedliche Personen aus jüdischem Hintergrund in einem Kurzvideo sagen, was Jüdischsein für sie bedeutet. Er selbst sei in einer jüdischen Familie mit traditionellen jüdischen Werten geboren und fühle sich im Judentum sehr wohl, was für ihn „meine Leute, meine Religion, mein Glauben, meine Tradition" bedeute und ihm Wurzeln gebe. Er selbst fühlt keine aktiven Einschränkungen durch seine Angehörigkeit zum Judentum, sei aber ernüchtert dadurch, dass es im Jahre 2020 in Berlin normal ist, dass vor seiner Synagoge immer rund zehn Wachleute stehen und es eine Sicherheitsschleuse gibt, und dass er in der Öffentlichkeit seine Kippa bedecken müsse. Er wünscht sich viele Begegnungen zwischen Juden und Nichtjuden, den Abbau der Stereotype auf Regierungsebene und den Erhalt einer Erinnerungskultur an den Holocaust.

Um den Menschen in Deutschland das jüdische Leben nahezubringen, wurden Initiativen wie „Meet a Jew" gegründet. Spielfilm-Komödien wie „Das Unwort" (2020) von dem 1973 in Moskau geborenen Leo Khasin oder „Masel Tov Cocktail" (2020) des russischen Juden Arkadij Khaet wollen zeigen, dass Juden die Opferrolle satthaben und sich nach Normalität sehnen. „Juden werden im deutschen Kino oder Fernsehen häufig in einer Opferrolle gezeigt. Da kommt dann immer noch sentimentale Klezmermusik im Hintergrund. Mich nervt das", sagt Khasin in einem TAZ-Interview (Zinger 2020). In dem begleitenden Dokumentarfilm „Hey, ich bin Jude" erklären jüdische Jugendliche, wie ihr Leben in Deutschland aussieht.

Fazit

Die Geschichte des jüdischen Lebens in Deutschland ist durch die Juden aus der Sowjetunion wiederaufgelebt. Interessant ist dabei die Beobachtung, wie die Integration in die deutsche Gesellschaft häufig mit einem zunehmenden Bewusstsein der jüdischen Identität einhergeht.

Auffällig bleibt die veränderte Haltung der jüngeren Generation zum Antisemitismus und sowohl den tätigen Angriffen als auch den Klischees, denen Juden in Deutschland heute begegnen. Während die ältere Generation das gewissermaßen hinnimmt und sagt, das seien sie bereits aus der Sowjetunion gewohnt, lässt sich bei der mittleren Generation eine gewisser Erbitterung dagegen feststellen, wie z.B. bei Gabriel Goldberg, der seinen Wohnsitz aus diesem Grund kürzlich nach Frankreich verlegt hat. Die junge Generation dagegen, die weitgehend in Deutschland aufgewachsen ist, entwickelt ein Selbstbewusstsein, mit dem sie ihr Jüdischsein lebt, Klischees und Zuschreibungen aufdeckt und angeht und sich gegen die den Juden immer noch zugeschriebene Opferrolle proaktiv wehrt.

Sehr spannend bleibt nun die Beobachtung, wie sich diese Generation weiterentwickeln, ihre Stellung in Deutschland behaupten und das öffentliche Bild vom Judentum und der Repräsentation seiner unterschiedlichen Facetten prägen wird.

Anhang

Benutzte Literatur und Quellen

Aderet, O. (25. Juli 2007): *Deutsche Staatsbürgerschaft*. Haaretz. Abgerufen von: https://www.hagalil.com/01/de/Israel.php?itemid=1084.

Bade, K. (2010): *Enzyklopädie Migration in Europa. Vom 17. Jahrhundert bis zur Gegenwart.* Paderborn: Schöningh.

Beck, V., Brumlik, M., Lagodinsky, S. (2018): *Aufruf: Gerechtigkeit für jüdische Zuwanderer im Rentenrecht*. Abgerufen von: http://zedek-gerechtigkeit.de/

Belkin, D. (o.J.): *Jüdische Kontingentflüchtlinge und Russlanddeutsche*. Abgerufen von: https://www.bpb.de/gesellschaft/migration/kurzdossiers/252561/juedische-kontingentfluechtlinge-und-russlanddeutsche

Belkin, D, Gross, R. (2010): *Ausgerechnet Deutschland! Jüdisch-russische Einwanderung in die Bundesrepublik*. Berlin: Begleitpublikation zur Ausstellung im Jüdischen Museum Frankfurt.

Belkin, D. (2017): *Germanija. Wie ich in Deutschland jüdisch und erwachsen wurde*. Bonn: Bundeszentrale für politische Bildung.

Berger, A (2010): *Ein Tabu der Nachkriegsgeschichte wird gebrochen. Aufnahme russisch-jüdischer Emigranten in der DDR*. In: Belkin, D., Gross, R.: Ausgerechnet Deutschland! Jüdisch-russische Einwanderung in die Bundesrepublik. Begleitpublikation zur Ausstellung im Jüdischen Museum Frankfurt, Berlin: BpB.

Bürgerliches Gesetzbuch der Bundesrepublik Deutschland. Abgerufen von: https://www.gesetze-im-internet.de/bgb/

Blank, I. (2001): *Wir melden uns zu Wort. Interviews mit Frauen aus der jüdischen Gemeinde Düsseldorf*. Düsseldorf: Presseverband der Evangelischen Kirche im Rheinland.

Brenner, M. (1999): *Epilog oder Neuanfang?* In: Romberg, O. R., Urban-Fahr, S.: Juden in Deutschland nach 1945, Frankfurt: Bundeszentrale für politische Bildung, S. 35-45.

Bundestagsdebatte (21.02.2019): *Lösungswege zur Alterssicherung jüdischer Kontingentflüchtlinge*. Textarchiv des Deutschen Bundestages 2019. Abgerufen von: https://www.bundestag.de/dokumente/textarchiv/2019/kw08-de-alterssicherung-juedische-kontingentfluechtlinge-593512

Budnickij, O. (2005): *Rosijskie evrei meždu krasnymi i belymi (1917-1920)*. Moskau: Rossijskaâ političesjaâ êncyklopediâ.

Êngel, V. (o.J.): *Kurs lekcij po istorii evreev v Rossii*. Abgerufen von: http://jhist.org/russ/russ001-19.htm.

Êttinger, S. (o.J.): *Očerki po istorii evrejskogo naroda*. Abgerufen von: http://jhist.org/code/ettinger6_09.htm.

FDP, Linke, Grüne (2019*): Antrag im Bundestag: Alterssicherung jüdischer Kontingentflüchtlinge verbessern*. Abgerufen von: https://dip21.bundestag.de/dip21/btd/19/078/1907854.pdf

Feldmann, Jan (2020): *Projekt Jewersity*. Abgerufen von: https://www.instagram.com/p/CHNk3KOlo8p/

Fishberg, M. (1911): *The Jews: A Study of Race and Environment*. London: Walter Scott Publishing.

Gitelman Z. (1993): *Soviet Reactions to the Holocaust, 1945-1991*. In: Dobroszycki, L., Gurock, J: The Holocaust in the Soviet Union. N.Y.: Sharpe, S. 3-28.

Grundgesetz der Bundesrepublik Deutschland. Abgerufen von: https://www.gesetze-im-internet.de/gg/BJNR000010949.html

Goldberg, G. (2. Juni 2015): *Erlebte Geschichten: Antisemitismus*. In: Zeitschrift des Informations- und Dokumentationszentrums für Antirassismusarbeit in Nordrhein-Westfalen, 21.Jg., S. 3-5.

Kleinmann, Y. (2010): *Jüdische Zuwanderer aus dem Ansiedlungsrayon in Odessa sowie in Städten Zentralrußlands und Polens im 19. Jahrhundert*. In: Bade, K. (2010): *Enzyklopädie Migration in Europa. Vom 17. Jahrhundert bis zur Gegenwart*. 3. Auflage. Paderborn: Schöningh, S. 725-731.

Knobloch, C. (7. Oktober 2000): *Juden sitzen nicht auf gepackten Koffern*. In: Spiegel Politik. Abgerufen von: https://www.spiegel.de/politik/deutschland/knobloch-juden-sitzen-nicht-auf-gepackten-koffern-a-97153.html

Koalitionsvereinbarung 1982 zwischen den Bundestagsfraktionen der CDU/CSU und FDP für die 9. Wahlperiode des Deutschen Bundestages. In: Neue Bonner Depesche Nr. 10/1982. Abgerufen von: https://web.archive.org/web/20150924040325/https://www.freiheit.org/files/288/IN5-304_Koalitionsvereinbarung_1982.pdf

Körber, K. (6.10.2016): *Jüdische Gegenwart in Deutschland. Die Migration russischsprachiger Juden seit 1989*. In: Deutschland Archiv. (Abgerufen von: www.bpb.de/234438)

Ost-West TV (2018): *Strana i ludi. Žizn' evrejev v Germanii*. Abgerufen von: https://www.youtube.com/watch?v=9O_CfXcqnYQ

Polân, P. (2001): *Ne po svoeî vole. Prinuditel'nye migracii do Gitlera I Stalina: istoričeskij ekskurs*. Moskau: Memorial.

Runge, I. (1999): *15 Jahre JKV: Im richtigen Moment am richtigen Ort*. Abgerufen von: http://www.juden-in-berlin.de/juedischer-kulturverein/geschichte.htm

Runge, I. (1995): *„Ich bin kein Russe." Jüdische Zuwanderung zwischen 1989 und 1994*. Berlin: Dietz.

Statistisches Bundesamt (2020): *Bevölkerung nach Migrationshintergrund und Geschlecht*. (Abgerufen von: https://www.destatis.de/DE/Themen/Gesellschaft-Umwelt/Bevoelkerung/Migration-Integration/Tabellen/liste-migrationshintergrund-geschlecht.html)

Tenhaven, Jan (9. November 2020): *Hey, ich bin Jude. – Jung.Jüdisch.Deutsch*. [Fernsehübertragung]. Mainz: ZDF.

Troinicki N., Patkanov S., Grebenshikov, V., Shweikin, N., Brunneman, J., Gilsher, A. (1905): *Obŝiî svod po imperii rezul'tatov razrabotki dannyh pervoî vseobŝeî perepisi naseleniâ, proizvedennoî 28 ânvarâ 1897*. St. Petersburg 1905, Bd. 2, S. 4-5 und 108-109.

Vogt, S., Hofmann, L. (1.April 2017): *Jüdischer Junge verlässt Schule nach antisemitischem Vorfall*. In: Der Tagesspiegel. Abgerufen von: https://www.tagesspiegel.de/berlin/berlin-schoeneberg-juedischer-junge-verlaesst-schule-nach-antisemitischem-vorfall/19600038.html

Weiss, Y., Gorelik, L. (2012): *Die russisch-jüdische Zuwanderung*. In: Brenner, M.: Geschichte der Juden in Deutschland von 1945 bis zur Gegenwart. München: Beck, S. 379-418.

Zentralrat der Juden, ZWST (2020): *Anzahl der Mitglieder der jüdischen Gemeinden in Deutschland von 2002 bis 2019*. Abgerufen von: https://de.statista.com/statistik/daten/studie/1232/umfrage/anzahl-der-juden-in-deutschland-seit-dem-jahr-2003/

Zick, A., Küpper, B., Berghan, W. (2019): *Verlorene Mitte – Feindselige Zustände, Rechtsextreme Einstellungen in Deutschland 2018/19*. Abgerufen von: file:///C:/Users/58HILF~1/AppData/Local/Temp/2019-FES-Studie-Verlorene-Mitte-Feindselige-Zustande.pdf

Zick, A., Hövermann, A., Jensen, S., Bernstein, J. (2017): *Jüdische Perspektiven auf Antisemitismus in Deutschland. Ein Studienbericht für den Expertenrat Antisemitismus*. Universität Bielefeld. Abgerufen von: https://uni-bielefeld.de/ikg/daten/JuPe_Bericht_April2017.pdf

Zingher, E. (2019): *Meine Oma arbeitet nicht, sie schuftet*. In: Zeit Campus (22. Februar 2019). Abgerufen von: https://www.zeit.de/campus/2019-02/kontingentfluechtlinge-juedisch-rentenzahlung-diskriminierung-ungerechtigkeit

Zingher, E. (2020): *„Als wäre ‚Jude' ein Schimpfwort". Regisseur Leo Khasin über Antisemitismus*. TAZ 9.11.2020. Abgerufen von: https://taz.de/Regisseur-Leo-Khasin-ueber-Antisemitismus/!5724123/

Interviews mit in Deutschland lebenden Juden aus der Sowjetunion

Person 1: Männlich, geboren 1980 in Bajram Ali, Turkmenistan, 1996 nach Deutschland eingereist. Interview am 19.11.2020.

Frage: Wo leiten Sie Ihre jüdische Abstammung her?

Von meiner Mutter, von meinem Vater, von meiner Großmutter mütterlicherseits, von meinem Großvater mütterlicherseits, von meiner Großmutter väterlicherseits, von meinem Großvater väterlicherseits.

Frage: Die Zugehörigkeit zum Judentum hat in der Sowjetunion im Leben meiner Familie

...eine große Rolle gespielt

Frage: In Bezug auf meine nationale Identität habe ich mich in der Sowjetunion

...immer als Jude verstanden.

Frage: Falls das Judentum in ihrem Leben in der Sowjetunion eine Rolle gespielt hat – beschreiben Sie diese etwas näher.

Wir hatten jüdisches Leben gehabt und konnten unseren jüdischen Werten nachgehen.

Frage: Wie haben Sie von der Möglichkeit erfahren, nach Deutschland auszureisen?

Von den Bekannten, die auch nach Deutschland ausgewandert sind.

Frage: Wie verlief die Entscheidung für eine Auswanderung nach Deutschland? Kamen auch andere Zielländer in Frage? (Israel, Amerika...)

Ursprünglich wollten wir nach Israel auswandern. Dann ist leider mein Vater gestorben. Daher sind wir dann nach Deutschland ausgewandert.

Frage: Auf welcher gesetzlichen Grundlage erfolgte ihre Auswanderung aus der Sowjetunion oder ihren Nachfolgestaaten und die Einwanderung nach Deutschland?

Jüdischer Kontingentflüchtling.

Frage: Wie verlief der Umzug nach Deutschland?

Per Flugzeug.

Frage: Was waren Ihre ersten Eindrücke von Ihrem neuen Heimatland?

Sehr schwierig!! Deutschland ist nicht unbedingt ein ausländerfreundliches Land.

Frage: Wie haben Sie das Einleben in Deutschland erlebt?

Schwierigste Zeiten meines Lebens. Dauerhafter Kampf!

Frage: Wie waren Ihre deutschen Sprachkenntnisse vor der Einwanderung nach Deutschland?

Ich hatte keine Sprachkenntnisse.

Frage: Wie lange haben Sie gebraucht, um Deutsch zu lernen? Wie haben Sie gelernt? (In Sprachkursen? Im Alleingang? Mit Sprachtandem? Oder sonst irgendwie?)

Ca. 2 Jahre.

Frage: Wie sind Ihre Sprachkenntnisse in Hebräisch und Jiddisch? Wo und wie haben Sie diese erworben?

Geht so. Bin ziemlich häufig in Israel.

Frage: Haben Sie in Deutschland Kontakt zu einer jüdischen Gemeinde / Synagoge gesucht? Wie haben Sie diesen gefunden?

Ja! Durch Freunde.

Frage: Sind Sie in irgendeiner Form Teil des jüdischen kulturellen Lebens in Deutschland?

Ja, durch die Gemeinde.

Frage: Welche Rolle spielt für Sie persönlich das Judentum? Identifizieren Sie sich damit? Wenn nicht – oder nur teilweise – womit identifizieren Sie sich stattdessen?

Spielt eine große Rolle.

Frage: Wie empfinden Sie die Auseinandersetzung mit der jüdischen Geschichte in Deutschland?

Deutscher Antisemitismus ist kaum spürbar.

Frage: Wie werden Sie – Ihrem Empfinden nach – in Deutschland wahrgenommen?

Als Ausländer, trotz deutscher Staatsbürgerschaft.

Frage: Welchen inneren - oder auch äußeren - Bezug haben Sie zu Ihrem Herkunftsland (Russland/Ukraine/Kasachstan)?

Kaum was.

Frage: Deutschland war einmal Ihre Wahlheimat (oder die Ihrer Eltern). Wie ist es für sie heute? Sind sie in Deutschland angekommen?

Ja bin angekommen, aber nicht ganz.

Person 2: Weiblich, geboren 1988 in Lviv, Ukraine, 1998 nach Deutschland eingereist. Interview am 16.11.2020.

Frage: Wo leiten Sie Ihre jüdische Abstammung her?

Von meiner Mutter und von meinem Vater.

Frage: Die Zugehörigkeit zum Judentum hat in der Sowjetunion im Leben meiner Familie

… keine Rolle gespielt, war uns aber bekannt.

Frage: In Bezug auf meine nationale Identität habe ich mich in der Sowjetunion…

Ich war noch ein Kind und fühlte mich keiner Nation zugehörig bzw. der Begriff war mir damals noch fern.

Frage: Falls das Judentum in ihrem Leben in der Sowjetunion eine Rolle gespielt hat - beschreiben Sie diese etwas näher.

Bei uns in der Familie spielte das Judentum nie eine Rolle und jüdische Traditionen waren uns ebenso wenig bekannt. Es wurde nie darüber gesprochen, weil meine Eltern von ihren Eltern wiederum auch nie etwas über die Vergangenheit erfahren haben. Das Thema wurde gewissermaßen totgeschwiegen. Glaube spielte auch nie eine Rolle. Der einzige Kontakt zu anderen Juden bestand darin, dass meine Eltern meinen Bruder und mich in jüdische Schulen geschickt haben, weil sie meinten, sie müssten es so tun. Allerdings mochte ich es dort nicht, weil mir die Traditionen dort völlig fremdartig waren und religiös motiviert. Daher habe ich dann diesen Schulen komplett abgeschworen und seither nie mehr jüdische Kontakte gehabt. Ich fühlte mich selbst nie als Jude, weil ich nicht weiß, was man darunter verstehen soll. Glaube, Nation...? Ich werde bis heute nicht daraus schlau.

Frage: Wie haben Sie von der Möglichkeit erfahren, nach Deutschland auszureisen?

Meine Mutter hat Mitte der 90 er ganz zufällig von dieser Option durch einen Hinweis einer Bekannten in der Ukraine erfahren. Meinen Eltern war es selbst nicht bekannt.

Frage: Wie verlief die Entscheidung für eine Auswanderung nach Deutschland? Kamen auch andere Zielländer in Frage? (Israel, Amerika...)

Eigentlich planten meine Eltern in die USA auszuwandern, weil dort auch die meisten noch lebenden Verwandten waren, aber die Anträge wurden alle abgelehnt. Eine Auswanderung nach Israel kam für meine Mutter nicht in Frage, weil sie dort nicht leben wollte. Sie wollte am liebsten in Europa bleiben. Israel hatte sie einmal davor besucht, aber es war ihr zu fremdartig. Die Auswanderung nach Deutschland war dann purer Zufall und eine Notlösung. Hier gab es wohl einen einzigen weitentfernten Verwandten, den mein Vater ausfindig gemacht hat, den er selbst vorher gar nicht kannte. Durch diesen haben wir eine Möglichkeit bekommen nach Deutschland zu emigrieren.

Frage: Auf welcher gesetzlichen Grundlage erfolgte ihre Auswanderung aus der Sowjetunion oder ihren Nachfolgestaaten und die Einwanderung nach Deutschland?

Als Kontingentflüchtling.

Frage: Wie verlief der Umzug nach Deutschland?

Wir sind mit einem Reisebus nach Frankfurt am Main angereist. Wie wurden von unserem Verwandten empfangen und wurden in ein Wohnheim für Migranten in Frankfurt Höchst einquartiert. Da wir vier Personen waren, bekamen wir zwei getrennte Zimmer auf einer Etage zugeteilt. Meine Mutter und ich teilten 1 Zimmer und mein Vater und mein Bruder das andere. Wir wohnten dort ca. 1 1/2 Jahre bis die Eltern eine Sozialwohnung von der Stadt angeboten bekommen haben (nachdem sie sich auf eine Warteliste dafür gesetzt hatten).

Frage: Was waren Ihre ersten Eindrücke von Ihrem neuen Heimatland?

Am Abend der Ankunft war es schon dunkel und es regnete (wie in einem dieser Filme...). Ich war noch ein Kind, kurz vor meinem 10. Geburtstag. Ich hatte ein befremdliches Gefühl. Alles war unbekannt und anders. Ich hatte vorher noch nie von diesem Land gehört, kannte aus dem Fernsehen nur USA und Frankreich. Daher träumte ich von einem dieser Länder, wobei ich immer in die USA wollte. Und dann waren wir in einem Land namens "Deutschland" gelandet. Keiner von uns wollte im Grunde hierhin. Meine Eltern sahen zur damaligen Zeit aber keinen anderen Ausweg im Hinblick auf die, nach dem Zusammenbruch der Sowjetunion, in der Ukraine fatale wirtschaftliche Lage. Meine ersten Eindrücke waren, dass es sehr sauber und ordentlich ist aber auch kalt und grau (es war Herbst). Dann fiel uns auf, dass es hier sehr viele Türken gab (vor allem in Höchst, wo wir zuerst wohnten). Wir fühlten uns unwohl damit und wunderten uns, warum es hier so viele von denen gibt. Teilweise verhielten sich einige asozial (fielen negativ auf). Das haben wir uns wohl irgendwie anders vorgestellt. Alles war anders. Man fühlte sich alleine in einem fremden Land.

Frage: Wie waren Ihre deutschen Sprachkenntnisse vor der Einwanderung nach Deutschland?

Ich hatte keine Sprachkenntnisse.

Frage: Wie haben Sie das Einleben in Deutschland erlebt?

Wenn ich ehrlich bin, habe ich manchmal das Gefühl mich hier immer noch nicht vollständig eingelebt zu haben. Es wird bloß irgendwann zur Gewohnheit aber einleben? Ich weiß nicht...Ob es woanders anders gewesen wäre, kann ich nicht beantworten. Anfangs war für mich die Schwierigkeit Deutsch zu lernen bzw. hatte ich Angst, dass ich es nicht richtig lernen würde. Diese Angst war unbegründet, die Sprache habe ich an der jüdischen Schule in Frankfurt schnell gelernt. Ich hatte Einzelunterricht mit einer jüdisch-russischen Lehrerin. Die Schwierigkeiten bezogen sich hauptsächlich auf die Geldnot. Wir lebten damals von der Sozialhilfe (meine Eltern waren schon 50, konnten die Sprache nicht und hatten keine anerkannten Qualifikationen vorzuweisen. Fühlten sich zudem schon zu alt für einen neuen beruflichen Weg, nur Minijobs kamen noch in Frage). Als Sozialhilfeempfänger gilt man in DE als arm und so fühlten wir uns auch. Schwierig wurde es immer im Umgang mit anderen Kindern bzw. Schulkameraden. Die meisten kamen aus gut situierten Familien bzw. aus der Mittelschicht. Diese Familien hatten kein Interesse an einem Umgang mit uns. D.h. die jüdischen Schulkameraden waren Snobs, die ich nicht mochte und die Deutschen am Gymnasium die waren mir ebenso fremd. Ich fühlte mich immer als ein Niemand, egal wo ich war. Denn egal, wohin ich ging, dort gab es immer schon Gruppen, die sich gebildet hatten, zu denen ich aus den einen oder anderen Gründen nicht dazu gehörte. Ich war und blieb ein Einzelgänger. Wie könnte ich da noch von einem Einleben sprechen? Irgendwann gibt man sich damit ab, dass man, egal wie sehr man sich bemüht, nirgendwo so richtig dazuzugehören wird. Das ist vermutlich der Punkt, an dem ich erst heute anfange zu begreifen, was es eigentlich bedeutet Jude zu sein.

Frage: Wie lange haben Sie gebraucht, um Deutsch zu lernen? Wie haben Sie gelernt? (In Sprachkursen? Im Alleingang? Mit Sprachtandem? Oder sonst irgendwie?)

Wie schon oben beschrieben, hatte ich Sonderunterricht an der jüdischen Privatschule in Frankfurt. Daher habe ich die Sprache innerhalb von ca. 1 1/2 Jahren sehr gut gelernt. Nach ca. 3 Jahren auf Muttersprachenniveau.

Frage: Wie sind Ihre Sprachkenntnisse in Hebräisch und Jiddisch? Wo und wie haben Sie diese erworben?

Null. Zwar hatte ich auf der jüdischen Privatschule in Frankfurt einen Hebräischunterricht in der Grundschule gehabt, doch, da mir niemand sagte, was das überhaupt für eine Sprache ist und warum ich das lernen soll, habe ich es nicht verstanden und fand es deswegen blöd. Außerdem assoziierte ich es vermutlich auch mit Religion und hatte mich daher teils geweigert es zu lernen.

Frage: Haben Sie in Deutschland Kontakt zu einer jüdischen Gemeinde / Synagoge gesucht? Wie haben Sie diesen gefunden?

Meine Eltern, ich persönlich nicht. Im Gegenteil, ich wollte nie etwas damit zu tun haben. Wie gesagt, ich konnte mit "Juden" nichts anfangen. Kein Mensch hatte jemals mit mir über das Thema Juden oder Judentum gesprochen. Ich habe das nur irgendwie mit Religion assoziiert und damit wollte ich nichts in irgendeiner Weise zu tun haben. Denn ich bin Agnostiker, damals noch Atheist und dementsprechend fühlte ich mich an dieser jüdischen Schule wie ein Außerirdischer bzw. die anderen waren's für mich. Es wurden einige wenige Bräuche mit teilweise Gebeten durchgeführt, an denen ich mich nicht beteiligt habe. Sprich blöd daneben gestanden. Es war völlig fremd für mich. Aus diesen Gründen wollte ich schon damals nichts mit Juden zu tun haben, zumindest nicht mit religiösen. Nach Eintritt in die Berufswelt bin ich gleich aus der Gemeinde ausgetreten (ich wusste nicht mal, dass ich da automatisch über meine Eltern als Mitglied geführt wurde). Ich war noch nie bewusst in der Synagoge (kann mich jedenfalls nicht erinnern, vlt als Kind).

Frage: Sind Sie in irgendeiner Form Teil des jüdischen kulturellen Lebens n Deutschland?

Nein.

Frage: Welche Rolle spielt für Sie persönlich das Judentum? Identifizieren Sie sich damit? Wenn nicht – oder nur teilweise – womit identifizieren Sie sich stattdessen?

Wie schon oben beschrieben, identifiziere ich mich nicht direkt mit dem Judentum (die Definition ist zu schwammig...). Die einzige Identifikation zum Judentum besteht darin, dass meine Vorfahren jüdischer Abstammung sind und dass ich damit öffentlich nicht identifiziert werden möchte (aufgrund von Antisemitismus). Stattdessen sehe ich mich eher als Kosmopoliten. Ich kann mich mit verschiedenen Ländern oder Kulturen teilweise identifizieren aber nicht bloß nur mit einem bestimmten. Alleine schon, weil ich in zwei verschiedenen Ländern aufgewachsen bin, ist es mir kaum möglich diese Frage zu beantworten. Einbisschen identifiziere ich mich noch mit der Sowjetunion aber nicht so viel, denn diese Ära ging kurz nach meiner Geburt zu Ende. Nur im Nachhall durch meine Eltern wurden einige kulturelle Traditionen zuhause in der Ukraine noch fortgeführt. Spätestens mit der Auswanderung nach Deutschland war es dann aber auch damit vorbei. Dennoch würde ich sagen, dass ich mich der russischen Kultur oder vielmehr Mentalität näher fühle als die der deutschen. Schließlich ist es meine erste Muttersprache.

Ich würde mich niemals als Deutsche bezeichnen. Deutsche Staatsbürgerin ja aber niemals als Deutsche. Ich würde mich aber auch niemals als Russin oder Ukrainerin bezeichnen.

Ukraine ist mein Herkunftsland, aber ist es auch meine Heimat? Schwer zu sagen. Einbisschen schon aber dann auch wieder nicht. Auch dort sahen sich meine Eltern bzw. mein Bruder mit Antisemitismus konfrontiert. Ich persönlich nicht. Die Zeit, die ich dort verbrachte, war zu kurz, um eindeutig ja zu sagen. Sagen wir, ich fühle mich als Mensch dieser Welt. Als Europäer im engeren Sinne.

Schlusswort: Als Jude identifiziere ich mich mit keinem bestimmten Land oder einer Nation. Daher erkläre ich die Welt zu meiner Heimat.

Frage: Wie empfinden Sie die Auseinandersetzung mit der jüdischen Geschichte in Deutschland?

Die Auseinandersetzung finde ich grundsätzlich gut. Man sollte das Thema aber z.B an den Schulen noch etwas besser gestalten und eher in der Oberstufe statt Mittelstufe behandeln. In dem Alter empfand ich mich noch zu jung, um das Ausmaß vollumfänglich zu begreifen. An meinem Gymnasium wurde das Thema zwar behandelt aber teilweise sehr oberflächlich (nur angekratzt).

Frage: Wie werden Sie – Ihrem Empfinden nach – in Deutschland wahrgenommen?

Ich werde ständig und immer nach meiner Herkunft gefragt. Das hasse ich. Als ob ich als Mensch nur aus einer Herkunft bestehen würde...diese Frage überfordert meine Kompetenz. Denn man kann diese aus so vielen verschiedenen Blickwinkeln interpretieren, dass ich kaum eine zufriedenstellende Antwort darauf geben vermag.

Man wird unwillkürlich immer wieder mit diesem Thema, was für mich eigentlich schon der Vergangenheit angehörte, konfrontiert.

Ich antworte, dass ich aus der Ukraine komme. Oft entwickelt sich daraus aber ein unangenehmes Gespräch bzw. Diskussion (wieso, weshalb, warum, z.B. warum sehe ich nicht so aus, warum rede ich kein Ukrainisch sondern russisch etc.).

Es ist einfach nur unsinnig und lästig.

Zum Schluss sage ich, ich sei Kosmopolit (was ja auch aus meiner Perspektive stimmt). Oder wenn ich keine Lust habe einem völlig Fremden darauf zu antworten, sage ich, dass es persönlich sei und denjenigen nichts angeht.

Ich werde anscheinend nur wegen meinen Locken als Migrant wahrgenommen. Immer werde ich nach diesen verdammten Locken gefragt (als sei es was Besonderes, es sind bloß HAARE!!). Allein durch diese Fragerei wird man in eine Schublade gesteckt und unbewusst ausgegrenzt. Und das nervt mich gewaltig.

Frage: Welchen inneren – oder auch äußeren – Bezug haben Sie zu Ihrem Herkunftsland (Russland/Ukraine/Kasachstan)?

Siehe auch Antwort von vorher. Ich habe Bezug zu meinem Stadtviertel bzw. Haus wo ich geboren wurde und gelebt habe. Zu unseren ehemaligen Nachbarn, bei denen ich oft zu Besuch war. Zum Essen, teilweise zur Kultur. Meine überwiegende Kindheit. Zur Mentalität, Humor, Gesprächigkeit und Warmherzigkeit der Leute. Die alltäglichen Kleinigkeiten. Das sind die Dinge, die mir bis heute fehlen.

Frage: Deutschland war einmal Ihre Wahlheimat (oder die Ihrer Eltern). Wie ist es für sie heute? Sind sie in Deutschland angekommen?

Sagen wir mal, meine Eltern und ich haben uns damit nach all der Zeit arrangiert. Man hat hier Sicherheiten und finanzielle Vorteile. Aber gefallen (im menschlichen Sinne)? Nein, es gefiel mir noch nie wirklich.

Klar, es gibt wie überall auf der Welt auch positive Dinge. Die Ordnung, Sauberkeit, demokratische Grundwerte, Stabilität, gute Wirtschaft, Gesetze usw. Kulturelle Angebote, schöne Ausflugsziele, historische Städte etc.

Aber: Die Mentalität der Deutschen, die "Leistungs- bzw. Ellenbogengesellschaft", die vielen Asozialen, Bettler, Banden (deren Zahl und Aggression um ein Vielfaches in den letzten Jahrzehnten angestiegen ist) - mit all diesen Dingen komme ich bis heute nicht klar. Das Bild, das sich in Deutschlands Städten/Straßen oft zeigt, habe ich in keinem anderen Land in der Art und Weise jemals erlebt. Besonders das in Frankfurt.

Richtige Freundschaften mit Deutschen? Ist das überhaupt möglich? Es ist oft zu oberflächlich alles. Diese Mentalität bleibt irgendwo dann doch unüberwindbar bzw. nicht vereinbar mit meiner.

Die Zukunft ist ungewiss. Es ist schwer seine Sicherheiten aufzugeben, um irgendwo wieder von null anzufangen, ohne zu wissen, ob es dort besser sein wird. Und wohin sollte ich schon gehen? Alleine würde ich nicht auswandern, mit einem Partner an meiner Seite vielleicht.

Person 3: Weiblich, geboren 1981 in der Ukraine, 1994 nach Deutschland eingereist. Interview am 14.11.2020.

Frage: Wo leiten Sie Ihre jüdische Abstammung her?

Von meiner Mutter

Frage: Die Zugehörigkeit zum Judentum hat in der Sowjetunion im Leben meiner Familie…

…eine geringe Bedeutung gehabt.

Frage: In Bezug auf meine nationale Identität habe ich mich in der Sowjetunion…

...immer als Jude verstanden.

Frage: Wie haben Sie von der Möglichkeit erfahren, nach Deutschland auszureisen?

Meine Eltern haben davon erfahren. Ich - hatte keine Ahnung.

Frage: Wie verlief die Entscheidung für eine Auswanderung nach Deutschland? Kamen auch andere Zielländer in Frage? (Israel, Amerika...)

Nein.

Frage: Wie verlief der Umzug nach Deutschland? Wohin kamen Sie, wer hat Sie dort empfangen?

Mit dem Bus aus Kiew. Nach NRW, in Urna Massen. Empfangen haben uns wahrscheinlich Mitarbeiter der Einwanderungsbehörde

Frage: Was waren Ihre ersten Eindrücke von Ihrem neuen Heimatland?

Sauber, ordentlich, anderes, habe nichts verstanden.

Frage: Wie haben Sie das Einleben in Deutschland erlebt?

Sprache war eine große Hürde. Mental tät der gleichaltrigen Mitschüler. Lernstoff und Unterrichtsweise in der Schule waren anders. Die Eltern verstanden kein Deutsch und sind nicht zu den Elternsprechtagen erschienen.

Frage: Wie waren Ihre deutschen Sprachkenntnisse vor der Einwanderung nach Deutschland?

Ich hatte keine Sprachkenntnisse.

Frage: Wie lange haben Sie gebraucht, um Deutsch zu lernen? Wie haben Sie gelernt? (In Sprachkursen? Im Alleingang? Mit Sprachtandem? Oder sonst irgendwie?)

In der Schule gab es eine Förderklasse für alle eingewanderten Kinder von der 7 bis zu 10 Klasse. Wir haben Geschichte, Biologie, Mathe, Deutsch, Englisch, Geographie auf einem leichten Niveau gelernt. Ca 2-3 Jahre habe ich gebraucht, um in der Schule mit dem Stoff voranzukommen.

Frage: Wie sind Ihre Sprachkenntnisse in Hebräisch und Jiddisch? Wo und wie haben Sie diese erworben?

Hebräisch – in Israel gelernt.

Frage: Haben Sie in Deutschland Kontakt zu einer jüdischen Gemeinde / Synagoge gesucht? Wie haben Sie diesen gefunden?

Ja. Ja.

Frage: Sind Sie in irgendeiner Form Teil des jüdischen kulturellen Lebens in Deutschland?

Ja.

Frage: Welche Rolle spielt für Sie persönlich das Judentum? Identifizieren Sie sich damit? Wenn nicht - oder nur teilweise - womit identifizieren Sie sich stattdessen?

Jüdisch-Orthodox.

Frage: Wie empfinden Sie die Auseinandersetzung mit der jüdischen Geschichte in Deutschland?

Never again.

Frage: Wie werden Sie - Ihrem Empfinden nach - in Deutschland wahrgenommen?

Ich spreche ganz offen über meine Herkunft. Die Deutschen haben immer noch Probleme jüdische Migranten zu akzeptieren. Sei es bei der Jobsuche oder als Nachbarn. Ehrlich gestehen, da haben die muslimische Mitbürger viel mehr Verständnis und Akzeptanz.

Frage: Welchen inneren – oder auch äußeren – Bezug haben Sie zu Ihrem Herkunftsland (Russland/Ukraine/Kasachstan)?

Keinen.

Frage: Deutschland war einmal Ihre Wahlheimat (oder die Ihrer Eltern). Wie ist es für sie heute? Sind sie in Deutschland angekommen?

Deutschland ist immer ein rassistisches Land, das nach Außen sich schönredet, aber im Inneren immer noch sehr fremdenfeindlich ist. Es gibt keine Zukunft für Juden in Deutschland.